달빛무대

달빛무대

2025년 8월 15일 1판 1쇄 발행

지은이 · 양진모
펴낸이 · 유정숙
펴낸곳 · 도서출판 등
기 획 · 유인숙
관 리 · 류권호
편 집 · 김은미, 안주영

ⓒ 양진모 2025

주 소 · 서울시 노원구 덕릉로 127길 10-18
전 화 · 02.3391.7733
이메일 · socs25@naver.com
홈페이지 · dngbooks.co.kr

정가 · 13,500원

- 이 책은 저작권법에 따라 보호받는 저작물이므로 무단 전재와 무단 복제를 금합니다.
- 이 책의 전부 또는 일부를 이용하려면 저자와 도서출판 〈등〉에 동의를 받아야 합니다.
- 이 도서는 2025년 충청남도, 충남문화관광재단에서 간행비 일부를 지원받았습니다.

달빛무대

양진모 시집

시인의 말

목격자이자 동료로서
오래전부터 곁에 있었지만
불리지 못했던 이름들을
하나씩 조심스레 불러보고 싶었다

삶이 너무 빨리 지나가고
슬픔이 너무 자주 덮이고
분노마저 익숙해질 때
그들의 흔적을 찾아 나선다

때때로 아주 천천히
끝내 도착하는 목소리가 된다

그들의 이야기를 잊지 않기 위해
이 시를 쓰기 시작했다

양진모

차례

제1부 시간이 머무는 섬

시간이 머무는 섬	12
당신이 잠든 시간	14
하루를 마치고	15
백제어울마당	16
공산성 戀歌	18
그림자의 노래	19
상처는 역사다	20
산성시장 밤마실	21
제민천 이야기	22
느린 우체통	24
완벽한 순간	25
타인의 행복	26
또 다른 풍경	28
진실이거나 꿈이거나	30

제2부 작업장 담을 넘어

작업장 담을 넘어	34
머슴의 노래	36
합병	38
노동의 바다	40

이름 모를 풀처럼	42
벼랑 끝 파수꾼	44
하루살이의 사랑	46
청소부	47
야간대학	48
일회용 비정규직	50
무지無知의 소치所致	51
미루는 사이	52
풍향계	54
손끝의 비명	56

제3부 소소한 하루

소소한 하루	62
그 사이 어디	64
달려가는 나날	66
비 오는 날	67
로그인	68
종합병원	70
눈치의 무게	71
쌀독의 바닥	72
새벽 세 시	74
노동의 온도	76
잊혀진 시간	77
작업장 풍경	78

계약서 쓰기	80
전문가로 불리는데	82
고독한 싸움	84
아버지의 손	86
아이들과 마주한 밥상	88

제4부 도화지

도화지	92
뇌졸중	93
공장장의 죽음	94
소리 없는 아우성	95
노을	96
붉은 노을	98
미장갑의 손	100
빛은 찬란하다	103
죽음의 행렬	104
죽음의 부탁	106
백제대교에서	108
장맛비에 쓸려간 삶	110
조문을 퇴근하다	112

해설 / 김홍정 (소설가)　　　114
막장, 그곳에 머문 순간의 불편함과 슬픔의 흔적

제1부

시간이 머무는 섬

시간이 머무는 섬

나무가 깊은 결을 얻기까지
스무 번의 겨울을 다독이는
세월의 깊이를 아는 손길
조용히 시간의 주름을 어루만진다

성급한 소리 사이로 스며든 흔적
지워진 손금만큼 새겨진 작업
느린 끌질만이 목재의 비밀을 드러낸다

새벽 작업실에 홀로 시작하여
해가 질 때까지 나무와 긴 속삭임
나이테를 따라 움직이는 손놀림은
가장 깊은 침묵으로 나눈 대화다

사람들은 모르리
작은 현판 하나에도
한 삶이 온전히 녹아 새겨짐을

이 거친 손바닥으로
상처와 주름을 별자리처럼 간직하고

깊고 고요한 혼을 조각할 때
낡은 작업실은 시간이 머무는 고요의 섬이다

당신이 잠든 시간

작업복 위 보이지 않는 얼룩처럼
새겨진 무게를 견디며
어제와 같은 아침을 깨운다

가로등 불빛 아래
손은 더렵혀지고
길은 빛난다

쓰레기를 수거하여
흔적을 지우며
도시를 되돌려놓는다

별이 스러져가는 새벽
안개가 짙어질 때
영준씨, 뒷모습에 감춰진 이야기

하루를 마치고

어깨가 무거워진 저녁
연장을 정리하며
손등에 밴 먼지를 털어내고

온종일 펴지지 못한 허리
뻣뻣해진 목덜미
통증 속에 곧게 세운다

정적이 흐르는 작업장에
울리는 발걸음 소리
하루를 견뎌낸 무게

펴지지 않는 손마디
씻어도 지워지지 않는
고통의 흔적이다

돌아서는 길
노을마저 등 뒤로 물러가고
어둠만이 남았다

백제어울마당

불꽃으로 내리꽂히는 햇살 아래
고대 왕이 침묵한 무덤 곁 그늘막 아래
의자마다 스며드는 역사의 무게
과거와 현재를 잇는 무대의 막

부드럽게 한쪽으로 흐르는 막
시간을 넘나드는 섬세한 음향의 물결
차분히 분장하고 의상을 갖춘 배우들
관객 사이로 올라서는 첫 발걸음

기대에 찬 관객의 눈빛 속에서
열리는 극의 서막은
백제의 시간으로 이끌려
펼쳐지는 이야기

점점 짙어가는 기억
숨이 타는 더위 속에서도 멈추지 않는
무대를 살아 움직이게 하는 춤사위
소리 없이 흘러내리는 땀방울

정성으로 빚어낸 단막극
백제의 숨결을 담은 어울마당
맑은 파도처럼 밀려오는 환호 속에
찬란하게 빛나는 여정

천년을 돌아 수놓은 고대의 울림
관객과 배우 모두의 얼굴에 번지는
기쁨의 물결로
영원히 남는다

공산성 戀歌

고요한 달빛의 무대
별들이 수놓은
금서루 해금 소리에

나무도 바람도
함께 우는 순간
흐르는 선율

천년의 바람이
어루만지는
깊은 사랑의 노래다

그림자의 노래

화려한 조명이 춤추는
한 여름밤의 무대

터져 나오는
박수소리 너머
관객의 웃음뒤에

분주하게
움직이는 사람들

축제가 끝난 텅빈 무대 위
보이지 않는 이들의
노래가 펼쳐진다

상처는 역사다

천년의 성벽이 무너졌다

가랑이까지 차오르는 흙탕물 속에서
돌을 찾고 흙을 쌓아
다시 터를 다진다

묵묵히 돌을 놓던 손들이
노을 아래서
하루의 무게를 나눈다

붉게 물든 손톱 밑
깊은 땅속에서
백제의 숨결이 되살아난다

달이 뜨고
손바닥에 남겨진 상처가
역사로 남는다

산성시장 밤마실

야시장이 시작되기를 기다린다

상인들이 하나둘 자리를 잡아
맛있는 음식 냄새가 퍼지고
무대 위로 흘러나오는 노래에
깔깔 웃어대는 표정들

주말 장터에 둘러 앉은 가족들
친구들과 나누는 동동주 한잔
밤하늘 아래서 펼쳐지는
소박한 행복이다

테이블을 접고 의자를 닦는
보이지 않는 사람들이
준비한 마실길이다

제민천 이야기

일락산 꼭대기에
내려앉는 구름
서늘한 불안감이
온몸을 타고 흐른다

열 동의 천막을 세우는 동안
쇠망치 울림과 빗소리는 뒤섞이고
흠뻑 젖은 천막의 무게는
바쁜 손을 잡는다

바람에 흔들리는 천막 사이
장대비가 하염없이 쏟아붓고
장화 속 가득한 빗물에
퉁퉁 불은 발이 옥죄어 온다

구름이 걷히고
일락의 모습이 드러날 때
땅에 박힌 말뚝처럼
굳어있던 마음이 부드럽게 풀린다

제민천 물소리와
온몸에서 피어나는 온기는
노을과 만나
한 폭의 수채화로 남는다

느린 우체통

계룡산 단풍이 곱게 물들어가는
시월의 마지막 날
갑사로 오르는 길목 무대에
추갑사 예술제가 열렸다

평소에 전하지 못한 마음을
엽서에 담으려는 사람들이
하나둘 모여들어
펜을 든다

조심스럽게 엽서에 옮겨 담고
정성스럽게 마음을 새긴다
언젠가 받을 사람을 생각하며
따뜻한 미소를 짓는다

가을바람에 날리는 단풍잎처럼
천천히 날아가서
마음과 마음이 만나는
아름다운 우체통을 놓는다

완벽한 순간

준공식을 앞두고
무대를 세워 현수막을 설치한다
높은 분들의 자리를 정성껏 준비하고
행사장 곳곳을 꼼꼼히 살펴본다

모든 것이 완벽하게 끝난 찰나
갑작스런 변경 요청을 받는다
수십 번 확인했던 계획은 물거품이 되고
무대는 다시 설치해야 한다

손에 익은 작업이라지만
모자란 시간에 마음이 무겁다
그래도
다시 세울 수밖에 없다

기념 사진 속에는 없는
그들이다
그러나 완벽한 순간은
영원히 남았다

타인의 행복

고향으로 향하는 발걸음들을 바라보며
일손을 놓지 못하는 마음이다

추석 보름달 바라보며
모여 앉은 가족들이 웃음 나누는 시간
백제문화제 방문객의 즐거움을 위해
이리저리 끌려다니는 몸이다

가족들과 함께 보내고 싶은 명절
관광객의 소중한 추억을 위해
밤이 되어도 집에 가지 못하고
축제장 조명을 켜는 손이다

동료들과 나누는
한 잔의 술
고단함과 피로는 풀어도
마음을 달래주지는 못한다

새벽이슬 맞으며 도착한 집에서
아내가 보내온 명절 사진을 보며

오늘도 수고했다고
어깨 토닥이며 위로하는 밤이다

또 다른 풍경

진달래 핀 날에 색연필로
천년 된 돌담을 그리는
유네스코 세계유산 공산성
어린이 그림 그리기 대회 날

공주시 마스코트
고마곰이
아이들을 피해
천막 뒤 그늘에 숨었다

뜨거운 햇볕 아래
두꺼운 탈을 쓰고 산성을 오르는 일
땀이 흐르고 숨이 턱 막혀도
멈출 수 없는 일이다

아이들을 위한 이벤트
공산성을 알리는 대회
어린이날 음악이 흘러나오고
깔깔대는 웃음소리 가득한 풍경

탈의 눈으로 바라본
좁은 세상에는
하루종일 장맛비가 내려
바라볼 수 없는 풍경이다

얼굴 없는 곰이
산성을 내려오며
이마의 땀방울을 닦는 모습은
부모의 마음과 다르지 않다

진실이거나 꿈이거나

가파른 산비탈 위에
화장실과 천막을 설치한다
발전기 소리로 산을 깨우며
빨간 천으로 바닥을 꾸민다

무대 위로 오르는 높은 분들이
한목소리로 풍요로운 미래를 말한다
귀 기울인 얼굴들 사이로
카메라 플래시가 춤을 춘다

목마른 나무들은
말없이 지켜보고
오늘의 가짜들은
렌즈를 따라 바삐 움직인다

화려한 행사가 펼쳐지는 동안
우리는 조용히 지켜보고
어린 묘목들은 바람에 흔들리며
스스로 뿌리를 내린다

제2부

작업장 담을 넘어

작업장 담을 넘어

컨베이어 벨트 끝없이 돈다
일꾼도 기계의 리듬에 맞춰
톱니바퀴처럼 돈다

용접 불꽃 튀는 작업장
쇠를 두드리는 리듬은 심장의 박동과 같아
감각화된 몸짓으로 대화를 주고받는다

안전모 아래 숨겨진 주름
형광등만이 비추는 창백한 세계에서
하루를 매듭처럼 엮여간다

그들은 틈을 내 노조의 깃발 아래 모인다
청소노동자들이 마련한 회의실
침묵했던 행진이 심장 박동소리가 되어
작업장 담을 넘는다

노동자의 분신으로 불씨를 던졌다던가
전설은 어둠을 밀어내는 횃불로 타오르고
흩어지는 재는 수천 개의 불씨로 피어난다

아버지의 용접봉을 이어
아들은 키보드를 두드린다
같은 노동의 무게를 짊어진 세대
손에서 손으로 전해지는 연대의 불빛

어둠이 짙을수록 불빛은 또렷해지고
억압이 강할수록 저항은 단단해지리라
금속의 단련은 불과 망치가 필요하듯
인간의 의지 또한 시련 속에서 단련되리라

공장의 사이렌 소리가 멎어도
노동의 역사는 계속해서 흐를 것이니
손에서 손으로 전해지는 연대의 횃불
그 불빛 아래 서서히 밝아오는 새벽

머슴의 노래

일을 던져주며 웃는 그들의 눈빛
말 없이 내려앉는 명령의 무게는
목젖 아래 자라나는 가시나무
그들의 실수는 우리 어깨에 그림자
그들의 잘못은 우리 가슴에 멍울
그들의 시선은 허리를 휘게 한다

회사 로고가 피부처럼 배인 작업복 입고
문 앞에서 매일 피우는 허리 꽃
이마에 새겨지는 땅의 무늬
거울 속에 비친 자신을 알아보지 못하는 아침
공문서 종이보다 얇아진 존재감
그래도 바삐 움직이는 손끝의 기도

삼십 년의 계절이 등을 지나갔어도
여섯 개의 숨결로 이어가는 작은 배
시장의 파도 사이 항해술 익혔다
벽과 벽 사이 좁은 틈새로
스며드는 물방울의 단단함을 배웠다

지문은 나무 결처럼 닳아 사라지고
목소리는 강물에 떠다니는 낙엽처럼 가볍다
청사 앞에서는 그림자조차 움츠러든다
바늘로 꿰맨 가슴의 실밥이 터지고
붙여놓은 뼈마디 사이 시간이 스민다

문드러진 자존심을 안고
비워진 서랍 속 들여다본다
첨단 유리창에 비친 얼굴 위로
여전히 흐르는 머슴의 땀방울
굽은 어깨 위로 내려앉은 세상을
별처럼 이고 살아간다

언젠가 이 굽은 등이
하늘을 마주하는 날
아침 햇살이 청사의 벽을 녹이고
노동은 비로소
침묵의 껍질을 벗어던지고
제 이름을 되찾아 부르리

합병

회사의 문을 열자
떨리는 손과
가파른 심장박동 사이로
청천벽력 같은 소식이 꽂힌다

수십 계절을 한자리에서
함께 버티고 견뎌낸 숲의 나무들
자본의 칼날은 가지를
말없이 베어 버렸다

어제의 웃음은 낙엽처럼 밟히고
발걸음은 살얼음판 위에 있고
동료들의 한 맺힌 눈빛은
혹한의 시간을 예고한다

거래처 사람들은 또 다른 숲이었다
그들의 걱정은 가지에 감긴 덩굴
지금은 그 덩굴마저 얼어붙은 듯
자본의 한파 앞에 떨고 있는 숨결들이다

소송하라 살길을 찾으라는 속삭임
겨울 끝에 보이는 새싹의 약속
고생했다 수고했다는 위로의 바람은
얼어붙은 가지에 내리는 봄비다

자본의 매서운 서리가 숲을 얼리지만
씨앗은 그 속에서도 잠들지 않는다
긴 겨울을 견딘 씨앗은
단단한 껍질 속에 생명을 품고 있다

같은 계절을 견뎌낸 나무들
서로의 가지가 엮여 만든
따스한 보금자리는
혹한도 어쩔 수 없는 내일이다

적막한 숲에서
끝나지 않는 겨울을 건너
다시 푸르게 피어나리
봄은 반드시 온다

노동의 바다

비가 내리는 날이면
온몸이 아파오기 시작한다
세월이 흘러 굽어진 등과
관절마다 통증이 쌓인다

항구의 방파제처럼
몸 곳곳에 생긴 상처들
손가락 굳은살은 둥근 섬처럼 솟아
새겨진 삶의 항로다

지쳐 쓰러져도 처자식 생각하며
부서진 육신을 노 삼아
해가 수평선에 잠길 때까지
다시 바다를 건너고 건넌다

골목 어귀 작은 술집에서
잠시 숨을 고르며
술잔을 들어 밤하늘에 건배하며
찰나의 휴식을 누린다

별빛 아래 인생을 나누고
서로의 하루를 보듬으며
어둠이 깊어질수록 웃음은
바다 위 등대처럼 빛난다

새벽이 오면 각자의 배로
돌아가야 하지만 그 짧은 정박의 기억이
먼 항해의 별이 되어
또 다른 폭풍우를 견딘다

이름 모를 풀처럼

도시 건물들 사이로 보이는 별 하나
그 작은 빛마저 사라져 갈 것 같다
얇은 지갑처럼 힘겨운 아침을
또 맞이한다

하루 열여섯 시간을 일해도
남는 건 피로와 통증뿐
간판 불빛 아래를 걸으며
일할 곳을 찾는다

식당 창문에 서린 김 속에서
학위증은 의미를 잃어가고
퉁퉁불어 터진 손으로
몇장의 지폐를 세어본다

높은 건물들 사이에서
작은 꿈이 꿈틀거리며
반복되는 이력서들 사이
희망의 끈을 놓지 못한다

아스팔트 틈새에서 자라난
이름 모를 작은 풀처럼
콘크리트 도시 한복판에서
촉이 되리라

벼랑 끝 파수꾼

모니터 불빛 앞에 앉아
보이지 않는 그들은
하루 몇 만 명의 발걸음을 보며
우리의 밤을 지킨다

위험한 사람들을 찾아내고
사고가 나면 가장 먼저 조치하며
밤이건 낮이건 한순간도
자리를 비우지 않는다

도시는 안전하게
잠들 수 있으나
그들을 지켜줄
울타리는 어디에도 없다

두 해마다 바뀌는 회사
일터는 변하지 않는다
새로운 얼굴들이 와도
같은 자리에서 같은 일을 한다

불안정한 계약 속에서
수많은 사람의 안전을 지키며
언제 쫓겨날지 모르는 채로
벼랑 끝을 자처하는 파수꾼이다

하루살이의 사랑

얼어붙은 손에
입김을 불며
한파를 견디는
일당직 노동자 준태씨

허리와 어깨가 아파도
이를 악물고 참으며
위험을 짊어진
하루하루의 막노동

일을 마치고 병원으로 향해
수년째 침대에 누운
아내의 차가운 손을 잡고
삶의 희망을 부여잡는다

벌어도 벌어도
밀려오는 병원비
온몸이 부서져도 멈출 수 없는
사랑의 다른 이름이다

청소부

깊은 밤 도시가 잠들 때
사무실을 깨끗하게 만들고
더러워진 것들을 치우며
어둠만이 존재하는 복도를 걷는다

쓰레기통 속을 들여다보면
드러나는 사람들의 진짜 모습
버려진 물건들이 말해주는
숨겨진 이야기들이 있다

예산이 부족하면 가장 먼저
쫓겨나는 사람들
용역회사 소속이라는 이유로
언제든 사라질 수 있다

걸레질의 깨끗함은
회사 바닥 위에 남지만
나는 존재하지 않는
사람이다

야간대학

찬란한 교문을 지나
삼십 년 주름진 손으로 책장을 넘긴다
노동의 바다에서 건져 올린 진주들을
학문의 저울에 올려놓는 야간 수업이다

거친 풍랑을 헤쳐온 녹슨 배는
항구에 닿아도 인정받지 못한다
굳은살 손으로 스물다섯 개의 봄을 품었지만
이제 창백한 졸업장 한 장으로
평생 꿈을 이룰 참이다

세상을 움직이는 기계를 다뤄도
설계도를 그리지 못하면 맹인이 된다던가
학교의 철문은 지식의 관문이 아니라
계급의 벽이었음을 뼈저리게 안다

학교 구조조정 서릿발 소식이 교정을 흔들자
폐과라는 칼날이 가슴을 찌른다
혼란스런 아이들의 외침은
텅 빈 강의실에 맴도는 허상일 뿐

권위를 앞세운 총장의 왕좌는 단단하다

달콤한 거짓 약속 조차 이미 사라졌다
황금 의자와 고개 숙인 아첨만이 난무하는 회의실
권력의 횡포를 이성과 합리의 탈을 씌워 감추려 하나
진실은 쇠처럼 단단할 것이다

이제 우리는 일어서야 한다
닳은 손의 펜을 높이 들고
폐과의 서리를 녹이는 뜨거운 함성으로
저 거짓 지성의 전당을 뒤엎으리

일회용 비정규직

휴가를 내는 정규직은
연말 보너스를 받고
안정된 월급과 함께
미래를 계획할 수 있다

매년 계약하는 비정규직은
수개월의 무급 휴가를 받고
재계약의 불안감에
계획할 수 없는 내일이 있다

평등한 사회라
민주주의 사회라 포장한
계급주의적
경제대국 대한민국

같은 회사 안에서도
서로 다른 나라를 산다
일회용으로 쓰이고 버려진
난민들이다

무지無知의 소치所致

진열장 먼지 쌓인 책마냥
노동법은 있지만 존재하지 않는다

작업장에서 쏟아지는 땀방울
사고가 날 때까지 모르는
안전 규정들의 존재
오롯이 혼자서 감당해야 한다

법으로 정해진 안전 장치들과
퇴근 후 마시는 소주 한 잔
그마저도 빼앗기는 현실 속에서
육십 평생 남은 건 썩은 육신 하나다

기초생활수급비와 함께
하루하루를 버텨나가며
오래된 지붕 아래
빗물이 떨어지는 소리를 듣는다

마지막 남은 생이
빛바랜 사진처럼 희미해져도
겨울 땅속 뿌리처럼
삶을 부여잡고 싶은 심정이다

미루는 사이

곡선형 파이프처럼
어깨가 점점 굽어지고
연장통에서 튀어나온 드라이버처럼
디스크가 신경을 찌른다

무거운 것을 들 때마다
어깨 관절의 통증에
팔다리는 점점
내 것이 아니기를 희망한다

병원 갈 시간을 미루다 보니
통증은 더 심해졌고 몸은 점점
낡은 기계처럼
삐걱거리기 시작했다

참을 수 없는 고통에
찾아간 병원에서
늦어버린 재해로
수술대 위에 놓이는 몸이다

미루는 사이
시간은 몸을 파고들어
다리 하나를
영원히 삼켜 버렸다

풍향계

피로가 온몸에 쌓여
의식마저 흐려질 무렵
광덕산 높은 곳에
풍향계를 세우란다

무거운 기둥과 긴 파이프를
등에 지고 가파른 산을 오른다
나뭇가지에 몸을 긁혀도
멈출 수 없이 가야 하는 길이다

여럿이 함께 올라가지만
고통은 혼자서 견뎌야 한다
숨이 턱까지 차오르고
눈앞이 노랗게 변해간다

어깨의 무게는
느껴지지 않고
심장은 터질 듯 뛰며
온몸의 감각이 사라졌다

굴러내려온 산길
온몸에 몰려온 통증보다
석 달 동안 아무 말 없는
회사의 침묵이 더 고통스럽다

산꼭대기 풍향계는
바람의 길을 잘 가리키며 돌지만
병원 침대 위 삶의 나침반은
부서진 채 길을 헤매고 있다

손끝의 비명

흰 구름 흐르는 하늘 아래 천 년의 흙을 밟으며 역사를 세운다. 길이 58m 높이 12m의 성문은 사람의 몸을 빌려 나무와 철골로 다시 태어난다. 도면 위에서는 작은 점과 선에 불과했던 것이 손을 통해 거대한 현실이 된다. 이것이 창조 노동의 신비다.

매일 아침 동이 트기 전 모여드는 무거운 짐을 진 사람들 각자의 방식으로 어제의 고통을 삼키며 또 하루를 시작한다. 손에는 도구가 가슴에는 보이지 않는 꿈이 있다. 눈에 보이는 것만이 전부는 아니다.

망치는 두드리고 칼날은 깎아내고 용접 불꽃은 녹인다. 붓은 색을 입히고 오래된 글씨는 다시 쓰인다. 서로 다른 손길이 만나 하나의 거대한 몸을 이룬다. 서로를 모르지만 일은 서로를 안다. 함께 흘리는 땀방울이 하나로 연결한다.

어제의 문명이 오늘에 서고 오늘의 땀이 내일의 역사 시간은 직선이 아닌 원처럼 돌아온다. 잠시 빌린 몸으로 천 년의 시간을 이어간다는 것, 비록 임시의 성문 잠시 머물다 사라질 구조물일지라도 손끝에서 과거와 현재는 이어진다.

 양철 기와를 올리는 손길이 멈췄다. 날카로운 모서리가 살을 파고들어 붉은 피가 흐른다. 모든 것이 정지하고 아픔은 다시 현실로 넘어온다. 환상에서 벗어난 몸이 얼마나 연약한지를 일깨우는 순간이다. 역사는 아름답게 포장되지만, 그것을 세우는 과정에는 늘 피와 땀과 눈물이 있다.

 고요했던 현장 누군가 붕대를 찾고, 구급차 부른다. 병원 복도를 채우는 것은 거친 숨결과 물기 어린 발자국뿐이다. 작업복에 묻은 흙과 먼지가 하얀 바닥에 흔적을 남기지만 곧 지워진다. 노동의 자국은 항상 그렇게 쉽게 사라진다.

 붉은 손끝에 새겨진 상처는 몸의 기억이다. 성벽 위, 지붕 위, 보이지 않는 곳곳에 흔적은 남는다. 관광객들은 화려한 성문을 보지만, 그 속에 이름 없는 삶이 녹아있다. 노동의 아름다움이자 슬픔이다.

역사는 승자의 것이라 했다. 하지만 진정한 역사는 땀 흘리는 자의 것이다. 천 년 전 백제 장인들의 굳은 손끝과 오늘 갈라진 손바닥이 만나는 곳에서 역사는 시작된다. 보이지 않는 노동이 세상을 떠받치는 기둥임을 이 성문은 침묵 속에서 울컥한다.

손끝의 비명과 함께 태어난 모든 창조물처럼, 성문도 언젠가는 사라질 것임을 안다. 그러나 사라지지 않는 것은 여기 있었다는 사실이다. 노동이 잠시나마 시간을 붙들었다는 진실. 그것으로 충분하다. 내일의 현장으로 돌아가 또 다른 역사를 쓴다.

제3부

소소한 하루

소소한 하루

고분의 새벽에는
천오백 년 시간을 흘러 돌에 배인 숨결이 있다
시간은 도구를 닳게 하고 도구는 살을 단련한다

우리는 천오백 년 침묵에 더하여
오늘의 이야기와 춤사위를 새기려 한다
무령의 잠든 용안이 놀라 깨시도록
손끝의 열기가 번진다

쇠를 벼리*는 열기와
나무를 깎는 서늘함 사이
숙련된 고독이 자리한다

햇살은 어깨를 지나 허리를 굽히고
여름의 그림자는 짧아진다
열망과 숙련의 간극
눈빛 속에 흐르는 긴장이
공기를 팽팽하게 당긴다
쓰러지지 않는 구조물을 세울 때
세월의 무게를 견디는 법을 배운다

무너지지 않는 삶을 지탱하는 것은
보이지 않는 이음새의 정확함

작업복에 스민 흙냄새
망치 자국 난 손마디
그 모든 것이 세상을 짓는
보이지 않는 문장이 된다

저녁 그림자 길어질 때
작업장의 불빛이 켜지고
고요한 벽 위에 드리운
날것의 실루엣

시간은 오직 손금 위에서만
그 깊이를 드러낸다
흐르는 모든 것이 멈춰 선 자리
소소한 하루가 영원을 짓는다

* 벼리 : 쇠를 불에 달구어 두드리고 단련하여 필요한 형태로
　만드는 과정을 의미

그 사이 어디

세계의 명화들이
흰 벽에 걸려 빛을 받고 있다
순서가 뒤바뀐 풍경 앞에서
동상처럼 굳어버린 시간

들어서는 순간 쏟아지는 경고들
고흐의 원작입니다
잭슨폴록의 진품이고요
목숨값보다 비싼 작품들입니다

기름때 묻은 손으로 만지면 안됩니다
눈빛으로만 만지는 예술의 무게
작품은 나중에 걸어야 한다고
침묵 속에 삼키는 말들

폴록의 물감 튀김은 찬사를 받는데
작업자의 기름자국은 얼룩으로 불리는 세계
값비싼 그림과 하얀 벽 사이
보이지 않는 손끝이 그리는 균형의 예술

벽을 세우는 손과 그림을 그리는 손
하나는 지우고 하나는 드러내는
그 사이 어디에 미술관이 서 있다

달려가는 나날

밤낮없는 전화기 울림에
아이들과의 약속도 뒤로하고
부르는 곳이면 어디든
달려가는 발걸음이다

갑의 이름을 빌려
무거운 짐을 져줘도
싫은 내색 없이 나서야 하는
발걸음은 돌덩이보다 무겁다

일할수록 자재비와 인건비에
빚이 늘어가는 아이러니 속에
삶의 무게는 점점 커져만 간다
희망과 절망 사이에서 버티는 나날이다

네 식구의
따뜻한 밥상을 위해
억지스런 부름에도
나는 거북이처럼 달린다

비 오는 날

빗방울이 창문에 맺히던 날
병원으로 향하는 발걸음
등과 허리에 쌓인 세월의 무게를
조금이라도 덜어내고 싶다

병실에 누워있는 아내의
창백한 얼굴과 신음 소리는
일평생 마음에서
떠나지 않는 미안함이다

몸과 마음이 무너져
참을 수 없던 고통이
딸아이 환한 웃음에
잠시 쉬어간다

모든 아픔이 비에 씻겨
아내와 딸과 함께
맑은 하늘을 볼 수 있기를
꿈꾸는 날이다

로그인

내실경영을 부르짖는 양반들
쇳가루 깊이 파인 손바닥과
그 속에 새겨진 세월의 흔적을
보려 하지 않는다

명예롭지 않은
허울 좋은 퇴직은
자유와 서글픔이
공존하는 배려다

늦은 밤
핸드폰 화면 속
목재품들이 기다렸다는 듯
손짓을 한다

첫 목공 수업 날
사포질하는 손끝에서
감각이 깨어나고
온몸이 반응한다

저녁 작업실
철근을 만지던 손으로
거친 나무결을 따라
새로운 삶에 로그인한다

종합병원

공휴일 전화벨 소리에
날개 돋친 발걸음
멈추지 않는 시계처럼
끝없이 돌고 돈다

한여름 휴가철은 노동의 성수기
타인의 여유가 밥이 되는 계절
모두가 쉬는 동안에도
고단한 길을 멈추지 못한다

일하며 보는 단풍놀이
좋은 술 한잔 못 먹고
평생 몸을 팔아 얻은 병에
전재산을 바친다

한 줌 흙으로 돌아가기 전
지친 몸과 마음에
따뜻한 위로 하나 건네주기를
소망하는 밤이다

눈치의 무게

밤새 일하다 쓰러진
거울에 비친 주름진 얼굴
동료들의 시선을 의식하며
병가를 낼 수 있을지 고민한다

입안에서 쓴맛을 남기는 약
병실 옆에 걸린
얼룩지고 구겨진 작업복을 보며
쉬어도 되는지 헷갈린다

의사의 날카로운 설명보다
더 필요한 것은
아내와 아이들의 웃음소리인데
기계음만이 귓가에 맴돈다

과일 바구니와 함께 온
해고통지서
말없이 눈물만 흘리는 아내
눈치를 본다

쌀독의 바닥

근심이 문턱을 넘어오는 새벽
카드값 내고 남은 동전들이
전세 계약서 위에서 떨고 있다
쌀독 바닥의 흰 먼지만 남고
전선은 숨죽인 채 어둠을 품는다

혀끝에 맺혔다 녹아내리는 도움 청할 말
동료의 눈빛 피해 돌아서는 자존심
주머니 속 동전들의 울음소리
발걸음마다 시멘트처럼 굳어간다

접은 학원비 명세서
재떨이에 남은 담뱃재만큼의 여유도 사치
최저임금이란 허울 좋은 숫자 뒤에서
통장은 한겨울 빙판처럼 차갑다

사십 년 쌓은 굳은살의 무게로도
기울어진 전세방 천장을 못 이긴다
부부의 닳아진 손목 위로
급여명세서는 한 장의 낡은 영수증

짧은 가방끈이 죄였던가
그 시절 포기한 꿈들이 이제는
새벽을 견디는 사슬이 되어
목을 조르는 밤이면 별빛은 더 차갑다

소주 한 잔에 띄운 한숨 반, 웃음 반
침묵으로 대답하는 동료의 어깨
귀가길 가로등 아래
달빛처럼 번지는 그림자 속 희망

쌀독은 비어도
아이들 눈동자에 담긴 별빛 한 줌
가슴에 품고
오늘도 어둠을 뚫는 새벽버스에 오른다

새벽 세 시

대낮부터 들이킨 독으로
밤새 쓰린 후회로 힘들다
새벽 세 시 침묵의 영혼
관자놀이를 둔탁하게 두드리고
위장은 무겁게 가라앉는다

훈계를 들으며 무겁게 귀를 기울이고
빛바랜 자랑으로 포장된 쓰레기 더미 앞에서
생존을 위한 웃음을 지으며
꺾이지 않는 척 가면을 쓰고
존엄은 한 모금씩 증발시키기로 했다

표류하는 물고기
날개 없는 새
화석으로 변한 몸으로
세상을 속이는 법을 배운다

눈앞에 펼친 계약서
수천만 원 계약금
실상은 삼백만 원짜리 황금 족쇄

접대로 지불한 충성세 제하고
고개 숙여 인사하면
직원 월급도 안 되는 부스러기다

살아야 하는 가시밭길 위에서
존엄을 벗어 던지고
벌거벗은 몸으로 추는 춤이다

노동의 온도

한겨울 숨이 하얗게 나오는 아침
옷을 몇 겹 입어도 추위가 스며들고
마스크 속에서 나오는 한숨과
귀마개 너머로 들리는 바람 소리

현장에 도착하면
움직임을 위해 그마저도 벗고
얼어붙는 손을 비비며
시작하는 일

차가운 바람이
철근보다 차갑게 불어와도
얼어붙는 몸을 움직이면
눈치없이 흐르는 땀방울

잊혀진 시간

끝났다고 생각한 일의 마무리는
늘 다른 일의 시작이 되고
출퇴근의 경계가 흐려져
하루가 한 달이 되고 계절이 바뀐다

저녁에도 쏟아지는 전화
정시퇴근이라는 말은 사라지고
가족과의 약속은 미뤄지며
아이의 목소리만 전화 너머로 들린다

가족을 위해 참아내는
한숨 섞인 저녁 식사
뒤바뀐 일상 속에서
삶의 리듬이 자꾸 꼬여만 간다

시계가 가리키는 시간과
꿈꾸는 시간 사이에서
나는
누구였던가 묻는다

작업장 풍경

절단기 울음소리 귀는 먹먹해져
바로 곁 목소리조차 속삭임처럼 아득하다

용접 불꽃 타오르고
연기는 훈련소 가스실이다
갈증으로 가쁜 숨
얼굴은 용광로 쇠처럼 붉다

페인트 가루 엉겨 붙은 콧속
말라버린 논바닥처럼 타들어가고
하루가 쇳덩이처럼 무겁다

선선한 바람결 아득하고
삼 년 여름을 헤아려도
환기 시설과 도장실 열대야 이룰 수 없다

노을 즈음 공장 한 켠
공장장님 베푸는 삼겹살
몸에 잠긴 페인트를 벗겨내는 특효라며
고소하고 찬란하게 지글거린다

온몸에 내려앉은 상흔조차
동료의 웃음소리에 바람결에 식는다
하루의 때는 술잔으로 씻어내고
힘찬 외침으로 다시 되새기는 하루
고단한 영혼이 쉬어가는 숨결이다

계약서 쓰기

하청의 하청으로
대기업 밑에 들어간 날
절반의 절반으로 줄어든 이익을 품고
작아진 꿈을 안는다

계약서에 적힌
숫자는 그대로인데
실제 이익은 업체들을 거치며
점점 해체된다

공사 시작부터 끝까지
한 번의 실수가 곧 파산인 소기업
신경을 곤두세우고
매일 줄타기를 한다

공사가 끝나도 대금은
한두 달을 기다려야 하며
결제가 늦어지면
모든 책임을 떠안는다

그래도 현장으로
향하는 발걸음 속에
고급 아파트가 있다

전문가로 불리는데

여름밤 축제를 위한 무대
새벽부터 나온 작업자들이
기둥을 세우고 지붕을 만들며
차근차근 무대를 준비한다

크레인이 무겁게 움직이고
땀을 흘리며 일하는 순간
갑자기 바꾸라는
갑의 횡포가 시작된다

벌써 몇 번째 바뀐지 모를
의미 없는 설계도
어떤 의미나 설명도 없이
손짓 하나로 모든 걸 뒤엎는다

그래도 오랜 경험으로
어수선한 현장을 정리하고
무대가 조금씩 모양을 갖춰
축제를 향해 나아간다

많은 관객의 박수소리와
터져 나오는 환호성 속
어둠 속에 남아 선
전문가라는 이름

고독한 싸움

청록 심연에 눈을 담그고
자홍 꿈과 노랑 열망 사이를 표류한다
펜 툴은 지팡이이자 족쇄 손목은 고통에 춤추고
어깨에 내려앉은 영감의 무게는 달처럼 차오른다

저녁 하늘 색조는 팔레트 밖 자유
닿을 수 없는 영감 별들이 창 너머 반짝인다
퇴근이라는 색은 팔레트에 없는 환영
숨결과 시간을 맞바꾼 크리에이티브 밤

벡터의 우주에서 별을 만드는 신이 되었다가
순간 오류로 먼지가 되는 오만과 절망
사이에서 이름 없는 춤을 춘다
고통이 예술로 예술이 생명으로 변하는 경계에서

내일이면
또 다른 빈 캔버스가 기다릴 것이고
터널 속 손목은 레이어에 묶인다
아름다움을 위한 희생이라 부르기엔
너무 쓸쓸하고 너무 눈부신 형벌

어둠 속에서도 알 수 있다
디자인이란 뼈와 살과 피로
세상 차가운 벽에 영혼을 새기는
아름다운 자해 의식

아버지의 손

술을 빚던 손
양조장 습기 속에서 보낸 청춘이
꽃피기도 전에 시들어 간다

논에서 벼이삭을 쥐던 손
자식의 학비를 위해 허리는 굽어지고
검은 흙이 손톱 밑에 깊게 배인다

시장 골목 국물 끓이는 손
뜨거운 열기에도 떨리지 않았다
아이 학비를 걱정하며 밤마다 조용히 운다

부끄러워하는 아이의 눈빛
아버지는 망치를 들고 목수가 되어
손마디마다 굳은살이 생겼다

한옥을 짓던
백발 노부의 손이 추락사고로
장애를 얻었다

평생 일로 굳어진
당신의 사랑을
제 손에 새깁니다

아이들과 마주한 밥상

뜨거운 햇볕이 등을 내리치고
나무 그늘조차 숨 막히는 오후
바람 한 점 없는 길 위에서
땀이 뜨겁게 흘러내린다

생채기 그득한 손으로 삽을 잡고
간판을 기둥에 매다는 일
위치가 마음에 들지 않는다며
다시 하라는 헛소리가 들린다

치밀어 오르는 화를 참고
묵묵히 다시 시작한 일
며칠째 못 본 아이들이
눈 앞에 아른거린다

오랜만에
마주한 늦은 저녁 밥상
숟가락 부딪히는 소리 사이로
따뜻해지는 마음 한 켠이다

제4부

도화지

도화지

햇볕이 사납던 날
18층 아파트 벽면에 매달려
줄 타는 곡예사, 화공(畫工) 이순덕씨

붓 하나 페인트 서너 통 매고
철푸덕 가볍게 올라앉은 널빤지 묶은 밧줄
두고 온 세 식구 목숨줄이다

울퉁불퉁 마구 날린 콘크리트 벽면
느닷없는 바람 견디며 구름도, 꽃숲도 동물도 그린다
마침내 멋들어진 이름 지어 알리지만
정작 수줍은 동백꽃 하나 툭 떨어지는 몸부림이다

어버이날 부모님 그리기 숙제

아가는 오늘도 문 앞에서
아버지 그린 도화지 들고
목 빼고 밥도 먹지 않는다

꿈에라도 만났으면 좋겠다

뇌졸중

내가 만든 무대 위에서
축제의 마지막 불꽃이 터지던 때
환한 하늘을 보던 관람객들은 환호하고
나는 쓰러졌다

갑자기 머리를 망치로 맞은 듯하고
온몸의 피가 거꾸로 솟는 것 같다
의식이 흐려지는 가운데
아내의 얼굴마저 사라져간다

하얀 병실 천장만 바라보는
나날의 연속
팔다리는 감각이 사라지고
입은 굳어 말을 삼켰다

한때 무엇이든 만들어내던 몸이
이제는 짐이 되어
온 가족을 나락으로 끌어내리는
무덤이 되었다

공장장의 죽음

부러지고 다치고 찢어져도
고치고 고쳐서 쓰는
용접공의 몸이요

적은 임금에 걱정이 많아도
마음 다잡아가며 사는 것이요
기술만 있으면 된다고 생각하며
두려워 않고 버티던 삶이요

반장이 되고 공장장도 되었지만
여전히 어깨 한 번 못 펴는
사람이요

힘든 세상을 바꿔보자며
누구보다 앞장서 싸우시더니
처자식 생각에 가슴 졸이던 분이
어찌 그 먼 길을 떠나셨오

이제 이 술 한 잔 드시고
그쪽에서는 상전으로 사시오

따뜻한 봄날이라 다행이요

소리 없는 아우성

어둠이 내린 밤
위험한 사다리와 흩어진 공구들 사이
작업 도구들이 여기저기 굴러다니고
안전 표시는 보이지 않는다

도심을 질주하는 불빛들 사이
발걸음을 재촉하는 사람들
엉키고 설킨 배전함 전선에서
불꽃이 튀었다

갑자기 조용해진 작업 현장
사다리 아래 누운
서른도 되지 않은 일용직 노동자
아내의 소리 없는 통곡만 남기고
떠났다

영정 사진을 본 네 살 딸아이가
"엄마 아빠랑 똑같아"
하고 묻는다

노을

마약 세 알로
하루를 견디고
해고통지서를 주머니에 넣은 채
금강철교를 건넌다

삼십 년을 버텨온 자리에서
하루아침에 밀려났고
폐암 진단서를 받아든 날
희망도 함께 사라졌다

간신히 마련한 아파트 한 채
병원비에 날아갈 것이고
병수발로 지칠
가족들이 떠오른다

강 너머로 번지는
붉은 노을이
내 마음처럼 타오르다
천천히 어둠 속으로 사라진다

저 노을처럼
강물 속으로 스며들어
나도
쉼표를 찾는다

붉은 노을

노을이 강물 위에 비칠 때
강은 네 삶의 무게를 조용히 받아준다

물결 위에 흔들리는 네 모습
차가운 숫자들로 상처받은 마음
계약서처럼 구겨지며 사라지는
한 줄로만 이어온 삶이었다

언제부터인가 너는
불타던 청춘을 잃어버렸고
회사는 네 이름 대신 급여로만 기억한다
그래도 네 마음 속 마지막 온기는
십 년째 오르지 않는 월급보다 따뜻했다
물 위에 스며든 침묵

수면과 현실의 경계가 사라지는 순간
너는 비로소 자유로워진다
더 이상 숫자로 계산되지 않는
본래의 네 모습으로 물속에서 쉰다

남겨진 사람들의 슬픔이
석양빛 강변에 내려앉을 때
네 빈자리는 세상에 질문을 던진다
이대로 계속 살아도 되는 것인가

너는 강물이 되어 흐르고
붉은 노을은 매일 네 이름을 부른다

미장갑의 손

1
스무 해 동안
빛을 길들였다
차가운 유리관 속에 불어넣은 숨결로
어둠을 밝히는 일이 그의 몫이었다
굳은살 손끝에서
삼만 볼트 화려한 꽃이 피었다

평소와 다르지 않은 날
유리관 끌어안고
마지막 숨을 불어넣었다

순간, 아무도 듣지 못한 작별
소리 하나 남기지 못하고
자신이 만든 빛보다 빠르게 꺼졌다

쇳가루 속에서 스무 해
매일 죽음과 악수하며 지킨
가족의 밥상이
이제 영전 앞에 놓였다

2
우리는 묻는다
어떻게 이럴 수 있냐고
사람 목숨이
이토록 가벼울 수 있냐고

단 하나의 안전장치
단 한 번의 관심
몇 푼 아끼지 않았다면
막을 수 있었던 죽음

이윤의 제단 앞에
또 한 명이 쓰러졌다

3
하루 만에 붙은 현수막
'직원 안전이 최우선입니다'
그 아래 새겨진 작은 글씨
'산재보상 절차 안내'

네온의 불빛 아래 우리는 기억한다
그의 마지막 빛은 영원히 꺼지지 않으리라
죽음이 우리의 눈을 뜨게 했으니
그의 불빛이 되어 어둠을 태울 것이라

미장갑의 손[2]이 만든 화려한 도시는 위선이다
목숨을 담보로 한 노동은 노동이 아니다
더 이상 침묵하지 않겠다

2) 미장갑의 손 : 보호장비 없이 일하는 노동자를 상징

빛은 찬란하다

이른 아침 밥 한 공기에 기댄 하루
어깨 위로 쌓이는 삶의 무게
더 빨리, 더 빨리, 더 빨리
여지없이 후려치는 채찍질

먼지 쌓인 작업 현장에서
굳은살 박힌 손으로 일하다
크레인에서 헛딛은 발
허공으로 떨어졌다

세상은 아무 일이 없었다

작은 제단 앞에서 흘리는 눈물
그가 만든 네온사인들은
여전히 밤하늘을 밝히고 있다

보이지 않는 곳에 묻힐
그의 꿈만이
찬란하게 빛나고 있다

죽음의 행렬

며칠간 내린 비가 삼킨 땅
무시된 경고 외면된 안전
발주처 방문이라는 허울 뒤에 숨은
이윤의 그림자

무력한 손으로 올라선 크레인
운명을 예감한 무거운 발걸음
생계라는 이름의 굴레에 묶여
사선에 올랐다

삽시간에 기울어진 쇳덩이
현장의 냉혹한 진실이 드러나는 순간
토사에 번지는 붉은 꽃
누구도 책임지지 않을 희생의 대가

매일 아침 빈자리로 깨어날 아내
아빠 품에 안겨 잠들기를 기다릴 어린 딸
피를 토하듯 쏟아낸
마지막 절규

무거운 침묵의 빈소
눈물조차 허락되지 않은 우리의 얼굴
아버지를 잃었음을 모른 채 뛰어다니는 어린 딸
그 무죄한 눈동자에 비친 우리는 모두 공범자다

건설 현장은 멈추지 않고
또 다른 크레인이 세워지고
또 다른 노동자가 올라간다
끝나지 않는 악순환의 굴레

형식적인 위로금으로
모든 책임을 다했다 말하는 사회
그러나 지워지지 않는 상처와
채워지지 않는 빈자리는 영원히 남는다

잡아줄 손이 사라진 아이 등굣길
끝없는 밤을 채우는 아내의 한숨
삶은 잠시 분노하고 잊혀지는 사회의 굴레에서
끝나지 않을 죽음의 행렬이 되었다

죽음의 부탁

국회의원님이 방문하신다
감당할 수 없는 일정도 밀려온다
거절할 수 없는 발주처 앞에서
일주일 작업을 삼일 안에 끝내야 한다

눈이 감기고 점점 멍해지더니
절단기에 베어 붕대를 감는다
쇳가루 섞인 도시락을 먹으며
밤샌 작업을 이어간다

피로가 몰려와도
쉴 수 없다
의원님 방문은
차질없이 진행 되었다

화려한 조명 아래 빛나는 시설물
성공적인 행사와 박수갈채
같은 시각 빈소에는 그가 누워 있다
받지 못한 마지막 월급과 함께

화려한 도시의 그림자 아래
나의 영혼도 그렇게 묻힐 것인가

백제대교에서

어둠이 걷히는 아침
도시가 천천히 깨어나고
백제대교 끝자락에 선 사다리
하늘과 땅 사이의 위험한 일

사다리 끝에서
바람에 흔들릴 때
세상이 천천히 기울어지며
작업복이 아래로 떨어진다

머릿속을 스쳐가는 것들
새벽 출근길 아내의 얼굴
학교 가는 아들의 모습
아직 갚지 못한 대출금

사이렌 소리가 멀어지고
의식이 점점 흐려지는 가운데
손끝의 마지막 감각
온몸에 새겨진 상처들

내 주검은 증언이 되고
한 줄기 바람처럼
도시를 관통하고
영원히 남아 메아리칠 것이다

장맛비에 쓸려간 삶

며칠째 멈추지 않는 장맛비
작업장 지붕 사이로 녹슨 철골을 타고
쇳가루 섞인 빗물에 젖는다

몇 번의 보고서, 요청, 외침
모두 사라지고 허망하다
사무실 제습기 돌아가는 소리

쇳가루, 용접가스, 페인트, 약품 냄새
노동자 몸에 배인 향수다

어지러운 작업장
빗방울의 장단에 뒤섞인 기계 소리
반장은 우의를 챙겨 사다리를 올랐다
그리고 무너져 내린 오후
아무도 시키지 않았다는 그 일
모두가 외면한 그 일

부러진 사다리, 정강이뼈, 등골, 미래
하반신 마비, 더는 쓸모없는 낙인

개인 부주의, 누구도 시키지 않았다는 거짓
책임은 모두 노동자 몫이라는 선고
최소한의 환경을 원했고
인간다운 삶을 바랬는데
그것은 사치였다

아무도 닿을 수 없는 높이에서
쏟아지는 빛과 어둠의 경계
지붕의 구멍은 별이 되어 빛나고
빈 사다리 옆에 걸린 우의는
반장의 체온과 땀이 배어 있는 파편이다

부러진 삶이
어둠을 뚫고 솟아오르는 빛이 되어
장맛비 갠 하늘 아래
꽃으로 피어나길 바란다

조문을 퇴근하다

하늘이 무너지는
소리를 들었다
따뜻한 봄날인데
당신이 차갑게 누워있었다

일을 가르쳐주던
안전을 강조하던 그 입술이
이제는
영원히 닫혔다

석 달째 집을
들어가지 못했다던
피로하고 지친 발걸음이
작업장 바닥에 남긴 자국들

빈소에 모인 사람들 사이로
당신의 웃음소리가 들려온다
어깨를 다독이던
따뜻한 손길마저

소주 한 잔 사주시던 형님
홀로 남은 형수님의 눈물
작업복에 밴 기름 냄새
이제 모든 것이 추억이다

오늘도 텅 빈 자리에
시계만 변함없이 돌아간다
영원히 돌아오지 않을
퇴근길을 기다리며

| 해설 |

막장, 그곳에 머문 순간의 불편함과 슬픔의 흔적

김홍정 (소설가)

1

해남 녹우당으로 가는 운전 중에 어떤 시인이 방송에서 천오백여 편의 시를 외우고 있고 수시로 그 시들을 끌어내 낭송한다는 말을 들었다. 방송 진행자는 그 수에 놀라고 확인이라도 하려는 듯 몇 편의 시를 암송하게 했고, 출연자는 어김없이 시들을 암송했다. 방송을 들으며 놀랐고, 즐거웠다. 그 시들 중에 나에게 시를 가르쳐준 스승의 작품도 있고, 동료 시인의 작품도 있었기 때문이다. 시 낭송자에게 선택된 시인에 대한 존경과 부러움도 있고, 화자의 시를 누군가 읽어주길 바라는 마음도 있었다. 한편으론 내가 암송할 수 있는 시는 얼마나 되는지 새기기도 했다. 문득 얼마 되지 않는 수에 스스로 놀라고 후회하는 마음도 있었다.

슬픔이나 아름다움으로 잘 포장한 서정시를 읽거나 삶의 현실 서사를 담고 있는 시를 읽는 것은 편안하다. 그러나 오래 기억으로 남지 않는다. 누구의 시였는지조차 알 수 없다. 그런데 지인들의 시를 읽는 것은 고통스럽다. 시의 수준을 말하는 것이 아니다. 시가 담고 있는 내면의 이미지가 아프게 다가오기 때문이다. 시인이 너무도 당당하게 자신의 속살을 날 것으로 던질 때 벌떡 놀라게 된다. 감추기 마련인 보편적 인식을 무시하고 부끄러운 이면조차 시행에 담는 용기에 감탄하며 경의를 표하기 마련이다.

신인이랄 수 있는 젊은 시인들의 작품에서 그런 씩씩함을 만날 때 새삼 자신을 돌아보는 성찰의 계기로 삼는다. 양진모 시인도 그런 젊은 시인이다. 양진모 시인은 사십 대 후반의 늦깎이 대학생이다. 그는 인문계고등학교를 졸업하고 십 대 후반부터 광고업체서 일을 배우며 수습, 기간 사원을 통해 자기 사업을 일군 노동자다. 그는 현수막을 제작했고, 현수막을 달기 위해 공중으로 올랐고, 용접과 전기 일을 배웠다. 하청 단순노동자에서 벗어날 수가 없어 어깨 너머로 디자인을 배웠고, 오랜 시간이 지나서 주문을 받고 일하는 전문가가 되었다. 하지만 고졸 학력은 그의 능력과 무관하게 사업 발주자들의 천시를 벗어날 수가 없었고 발주처의 부당한 대접과 어려움도 겪었다. 부득이 대학에서 디자인을 공부하는 전문가다. 그간의 노력으로 주로 공공사업을 발주받으며 현장을 떠난 적이 없었고, 현장의 노동자들과 함께 일하고 돈을 나누는 노동자다. 그가 어릴 적부터 꿈꾸었던 문학은 현실에서는 사치처럼 느껴졌으나 시 쓰기를 놓질 않았고, 독서와 어깨 너머로 배운 시 쓰기로 등단했고, 첫 시집 『비로소 끝난 리허설』을 발표했다.

양진모는 문인협회, 작가회의를 비롯한 문인들의 활동에 형식적 차이를 가리지 않고 솔선하여 참여한다. 문인들은 여러 해 동안 사무국장을 맡은 그를 일꾼으로 여기고 양진모는 그것을 감사한 마음으로 받는다. 동인지 편집, 제작 배포, 정산은 으레 그의 몫이다. 이는 그의 현장 노동과 다르지 않다. 물론 공공 기관의 발주를 해결하는 것은 그의 생애지만 문학 활동은 그의 천성이기 때문이다.

양진모가 한 꾸러미 원고를 들고 왔다. 첫 시집과 달라야 한다는 소견이 있었는데 그 기조는 크게 다르지 않다. 노동 현장이다. 노동시의 유행이 시든지 오래인 것은 부정할 수 없어 걱정이 된다. 한때 노동시가 성황이던 시기에는 노동시 쓰기는 새 세상을 이끌기 위해 거쳐야 하는 필연의 과정이었다. 자본 중심으로 단단히 구축된 사회구조를 변혁하기 위해서는 노동자 자신이 스스로 변혁하고 사회를 주도적으로 바꾸는 주체로 우뚝 서야 하는 시기가 있었다. 물론 지금도 그 기조는 변할 것이 없다. 노동의 가치는 늘 의미가 있고 사회의 골간이기 때문이다. 그러나 그동안 노동시를 써 왔던 이들조차 노동자의 비참을 더는 다루지 않는다. 노동시가 나오는 현장이 다른 일반인들의 삶과 다르지 않다는 인식이다. 산업현장 노동이나 농업, 어업, 학교, 자영업 이미 다르지 않은 노동현장으로 인식한다. 오히려 일하는 사람들이란 말이 노동자란 말보다 편하게 들린다. 언어는 개념 짓고 이미지를 창출한다. 특히 시어는 시의 구조 속에서 새로운 의식으로 자리 잡는다. 그럼에도 양진모는 여전히 현장의 이야길 담아 이건 아니지 않은가 절규한다. 그가 선택한 시적 현장은 죽음이 도사린 아귀비환이다.

해마다 산업재해로 목숨을 잃는 노동 현장은 여전히 진행 중이다. 2024년 산업재해를 당해 상해를 입은 수는 전년보다 4.4%가 증가한 142,271명이고 그중 사망자는 2098명이었으며 사망자의 52%가 60대 이상의 고령자이다. 고용노동부의 통계자료이니 그 숫자를 의심하지 않아야 한다. 산업현장에서 재해가 발생하는 경우는 참으로 다양하여 놀랄 정도다. 느닷없는 땅꺼짐, 지하철 문 끼임, 멀쩡하게 보이는 다리 붕괴, 용광로 작업 중 고로로 추락, 고공 청소 용역자 추락 등 헤아릴 수 없다. 안전이 중요하다고 광고하지만, 산업재해에 대한 대처는 늘 발생 시기 그때뿐이고 여전히 노동자의 몫으로 남는다.

현장 노동자 양진모의 시는 이런 현실을 피를 토하며 고발한다. 그가 이 시집에서 적시한 노동자 사망 현장은 그의 작업 현장과 무관하지 않다. 용접 현장, 현수막 거치 현장, 고압전기 일 현장, 고공 크레인 작업 현장 등 주로 노동자의 육체노동으로 사업을 수행하는 막장이다. 그 막장은 우리가 통상 알았던 탄광, 지하공간, 고공교량, 배달 수납처 등의 막장과 다르지 않다. 문득 양진모의 시를 통해 우리가 사는 곳과 가까운 곳에도 수없는 막장이 있는 것을 확인할 수 있다.

그의 시가 어떤 반향을 일으킬지 알 수 없다. 다만 불편한 것은 분명하다.

2

볼프강 아마데우스 모차르트의 레퀴엠은 미완성이다. 오스트리아 재벌이자 귀족인 프란츠 폰 발제크 백작이 요절한 아내를 위해 발주한 진혼곡으로 쓰기 시작한 곡은 결국 모차르트의 죽음 이후로 완성을 미뤄야 했다. 진혼곡 작업을 재촉하는 검은 망토를 걸친 심부름꾼이 모차르트의 작업실을 방문할 때마다 마치 저승사자처럼 느끼게 되었고, 결국 이 곡은 자신을 위한 레퀴엠이 되었다. 모차르트는 자신의 운명을 직감했다. 사본으로 남은 편지에서 '마지막 때가 가까운 것을 느낍니다. 저는 저의 재능을 충분히 펼치기 전에 마지막에 다다르고 말았습니다. …… 그렇지만 사람은 자신의 운명을 바꿀 수는 없습니다.'라고 전한다.

　운명이다. 한 인간의 삶이 함축된 묵언이니 그 구성이 장엄한 미사곡으로 시작한다. 절제된 감정이 아다지오의 느린 기도문으로 소리를 이끈다. 다음 장으로 이어지며 격렬하고 빠른 구성으로 이어진다. 격정의 삶이 되살아오기 때문이리라. 운명에 숱한 대립과 갈등이, 처절한 시련이 없을 수 없고, 그것을 견디는 삶이야말로 진정한 삶이기 때문이다. 하지만 마무리는 다시 경건과 소망의 기원으로 이어진다. 고통스런 삶을 견디고 승천하는 영혼에게 바치는 헌사이기 때문일 것이다.

　양진모의 두 번째 시집을 읽으며 모차르트의 레퀴엠을 떠올렸다. 양진모는 현장 노동자이면서 산업현장 재해를 겪는 동료들의 아픔을 직접 목격했고, 자신을 가르치고 이끌었던 늙은 노동자들의 죽음을 여러 차례 겪은 상처를 지니고 있었다. 잊을 수 없는 기억. 기억은 시간이 지나면 잊고 지낼 때가 있지만 사라지지 않고 흔적으로 남아 삶을 지배한다. 작은 광고업을 운영하며 관이 발주하는 대행업체의 임원으로 일하는 그는 아픔으로 점철된 과거를 잊을 법하지만, 결코 그 흔적에서 벗어나지 못한다. 어쩌면 그의 시 작업은 독한 상처로 남은 흔적을 풀어내는 한풀이 서사일 것이다. 풀어내지 않으면 스스로 얽매어 자기 목숨을 헌납하는 모차르트의 운명처럼 스스로를 달래는 진혼의 곡이다.

(전략)

울퉁불퉁 마구 날린 콘크리트 벽면

느닷없는 바람 견디며 구름도, 꽃숲도 동물도 그린다

마침내 멋들어진 이름 지어 알리지만

정작 수줍은 동백꽃 하나 툭 떨어지는 몸부림이다

(「도화지」 부분)

양진모가 바라본 노동자의 삶은 한 송이 꽃을 피우는 과정이다. 아름다움을 가장한 미적 표현이 아니다. 공중에서 추락하는 한 삶은 그저 어느 순간 툭 떨어지는 동백꽃과 다르지 않은 운명을 지녔기 때문이다.

소설 작업을 위해 지난 3월 제주에서 두 주일 머물며 동백꽃을 보러 다녔다. 붉거나 연분홍이거나 흰색 동백들이 지천이다. 뭍 사람들은 꽃을 찾아다녔지만, 제주 사람들은 동백이 품은 사연을 그려내고 있었다. 그들은 한결같이 동백은 떨어져 흩어지는 꽃이 아니라 현재 진행 중인 4.3이라 말한다. 무거운 말이다. 70여 년이 흐르는 동안 가슴에 담은 말을 풀어내는 것이다. 양진모의 동백꽃이 제주 사람들의 가슴을 품은 것인지는 화자는 모른다. 하지만 그의 시 곳곳에 흩날리는 꽃들은 모두 일하는 사람들의 희생을 암시하고 있다. '일당 노동자꽃(「소리 없는 아우성」), 붉은 꽃(「죽음의 행렬」)' 등이 그러하다.

양진모가 처한 현실은 냉혹하다. 공공의 사업이 얻으려는 시민의 복지 뒤에 감춰진 발주자의 음모는 너무도 관행적이어서 뒤집기 어렵다. 사업을 포기하지 않는 한 결속된 계약은 반드시 고통의 대가를 치러야 한다.

(전략)
눈앞에 펼친 계약서
수천만 원 계약금
실상은 삼백만 원짜리 황금 족쇄

접대로 지불한 충성세 제하고
고개 숙여 인사하면
직원 월급도 안 되는 부스러기다

살아야 하는 가시밭길 위에서
존엄을 벗어 던지고
벌거벗은 몸으로 추는 춤이다
(「새벽 세 시」 부분)

하청업체 노동자 사업주 양진모는 그가 '벌거벗은 몸으로 추는 춤'으로 생존을 말하고 있다. 함께 일하는 노동자의 급여를 줄 수만 있다면 족쇄가 되어 달려드는 발주에 응해야 하는 현실을 인식한다. 노동자는 '살아야 하는 가시밭길 위에' 있다. 존엄을 선택으로 내세울 수 없는 현실이란 자기 고백을 밝힌다.

　양진모는 현실의 한계를 적확하게 느낀다. 일하는 사람들에 대한 선입견을 느낄 때마다 불편해한다. 노동자의 손은 일하는 손이다. 거액의 예술 작품을 흰 벽면에 걸고자 할 때 순간 작업자는 일에서 배제된다. 당황한 소감을 시인은 솔직하게 그려낸다.

(전략)
들어서는 순간 쏟아지는 경고들
고흐의 원작입니다
잭슨폴록의 진품이고요
목숨값보다 비싼 작품들입니다

기름때 묻은 손으로 만지면 안 됩니다
눈빛으로만 만지는 예술의 무게
작품은 나중에 걸어야 한다고
침묵 속에 삼키는 말들
(「그 사이 어디」 부분)

　오해를 근거 없다 나무랄 일이 아니다. 노동자라고 고흐의 원작을 기름때 묻은 손으로 만지겠는가. 작품을 걸기 위해 나선 노동자들도 조심스럽게 명품에 손상을 주지 않는 장갑을 마련했을 터이다. 전시자는 노동자의 손은 기름때가 묻었을 것이라 전제하고 연역적으로 주의를 했을 것이다. 노동자들이라고 그걸 모르진 않는다. 시인은 '그 사이 어디'라고 의문을 제기한다. 전시자와 노동자 사이 이미 선험적으로 혹은 개념화된 오해를 지닌 것은 아닌가 하는 걱정이다. 노동자이며 시인인 양진모는 '그 사이 어디'라는 의문으로 복잡구조로 자리 잡은 보편적 인식의 오류를 지적한다.

3
  양진모의 노동 현장은 노동자들끼리의 우애로 넘쳐난다. 그들의 사랑은 동변상련의 아픔에서 비롯될 것이나 사뭇 그 뜨거움으로 서로를 감싼다. 열악한 작업환경 개선을 위해 추락의 위험을 무릅쓰고 고참 반장이 허물어질 위험의 지붕으로 오른다.

  며칠째 멈추지 않는 장맛비
  작업장 지붕 사이로 녹슨 철골을 타고
  쇳가루와 섞인 빗물에 젖는다

  (중략)

쇳가루, 용접가스, 페인트, 약품 냄새
노동자 몸에 배인 향수다

어지러운 작업장
빗방울의 장단에 뒤섞인 기계 소리
반장은 우의를 챙겨 사다리를 올랐다
그리고 무너져 내린 오후
아무도 시키지 않았다는 그 일
모두가 외면한 그 일

부러진 사다리, 정강이뼈, 등골, 미래
하반신 마비, 더는 쓸모없는 낙인
개인 부주의, 누구도 시키지 않았다는 거짓
책임은 모두 노동자 몫이라는 선고
최소한의 환경을 원했고
인간다운 삶을 바랬는데
그것은 사치였다
(「장맛비에 쓸려간 삶」 부분)

　멈추지 않는 비로 공장은 아수라장이다. 쇳가루 섞인 빗물이 공장 안으로 넘치고 노동자의 몸은 쇳가루와 용접 가스로 범벅이 된다. 진퇴양난 물러설 수 없는 작업장, 어린 노동자들이 고참의 눈치를 볼 때 반장은 무너질 지붕으로 사다릴 챙겨 오른다. 누구도 시키지 않는 일이라 시인은 전한다. 정말 그렇게 생각하는가? 바꿔주지 않는 노동현장이다. 시인은 그것을 사치라고 직설한다. 하지만 무너질 지붕으로 사다리를 챙겨오르는 것은 반장인 선배 노동자다. 그들은 그들끼리 서로 감싸고 앞서 나선다.

(전략)
페인트 가루 엉겨 붙은 콧속
말라버린 논바닥처럼 타들어가고
하루가 쇳덩이처럼 무겁다

선선한 바람결 아득하고
삼 년 여름을 헤아려도
환기 시설과 도장실 열대야 이룰 수 없다

노을 즈음 공장 한 켠
공장장님 베푸는 삼겹살
몸에 잠긴 페인트를 벗겨내는 특효라며
고소하고 찬란하게 지글거린다

온몸에 내려앉은 상흔조차
동료의 웃음소리에 바람결에 식는다
하루의 때는 술잔으로 씻어내고

힘찬 외침으로 다시 되새기는 하루
고단한 영혼이 쉬어가는 숨결이다
(「작업장 풍경」 부분)

다시 물러서고 싶지만 그럴 수 없는 작업장이다. 도장 작업은 멈출 수 없다. 멈추면 색상이 고르게 나오지 않아 벗겨내고 새로 작업을 해야 하는 난점을 지니고 있다. 그 사실을 모르지 않는 노동자들이다. 온몸이 페인트 가루 투성이다. 공장장의 배려는 근거도 없는 삼겹살이다. 애당초 삼겹살이 광부들의 진폐를 씻어내는 음식이었다고 전하지만 페인트 가루를 벗겨내지는 못할 것이다. 하지만 그 말을 믿고 싶다. 그 열악함을 풀어내는 배려라도 있어야 살맛 나는 세상이 아닌가. 노동자들은 페인트 가루가 엉겨 붙은 모습을 보고 서로 놀리며 웃었을 것이다. 그리고 술잔을 건네며 내일을 다짐하고 힘차게 건배를 했을 것이다. 우리네가 살아가는 삶이 무엇인가? 시인은 그렇게 서로 생각하며 사는 삶이어야 '고단한 영혼이 쉬어가는 숨결'일 것이라 단언한다.

양진모는 노동 의식을 비로소 깨친 모습으로 부활한다. 그는 노동조합을 향해 나아간다.

(전략)
용접 불꽃 튀는 작업장

쇠를 두드리는 리듬은 심장의 박동과 같아
감각화된 몸짓으로 대화를 주고받는다

(중략)

그들은 틈을 내 노조의 깃발 아래 모인다
청소노동자들이 마련한 회의실
침묵했던 행진이 심장 박동소리가 되어
작업장 담을 넘는다

노동자의 분신으로 불씨를 던졌다던가
전설은 어둠을 밀어내는 횃불로 타오르고
흩어지는 재는 수천 개의 불씨로 피어난다
(「작업장 담을 넘어」 부분)

양진모의 노동시는 전태일 열사의 노동 의식에 힘입은 것으로 보인다. 양진모는 '분신으로 불씨를' 던진 전설을 이끌어내 오늘 노동현장의 횃불로 삼는다. 그 횃불은 수천 개의 불씨로 피어날 것이라 예견한다.

늦깎이 대학생 양진모는 졸업을 한 해 앞둔 여름 느닷없는 대학구조조정으로 인한 학과 폐지 난관에 봉착한다. 전문가로 우뚝 설 것이라 기대했던 꿈은 소용없는 허세로 달

음질친다. 그렇다고 한두 발쯤 물러나 적당히 졸업하고 대학원으로 진출해야 하는 갈등에 빠진다. 양진모는 이미 노동으로 단련된 몸이다. 어려울 때 물러서지 않는 강건함을 배우며 살아온 현장주의자다. 그는 자신에게 보장된 학과 졸업보다는 학과 되살리기 투쟁에 선다. 이는 그가 노동현장에서 학습한 수천 개의 불씨의 하나로 인식한 것으로 보아야 한다.

찬란한 교문을 지나
삼십 년 주름진 손으로 책장을 넘긴다
노동의 바다에서 건져 올린 진주들을
학문의 저울에 올려놓는 야간 수업이다

거친 풍랑을 헤쳐온 녹슨 배는
항구에 닿아도 인정받지 못한다
굳은살 손으로 스물다섯 개의 봄을 품었지만
이제 창백한 졸업장 한 장으로
평생 꿈을 이룰 참이다

세상을 움직이는 기계를 다뤄도
설계도를 그리지 못하면 맹인이 된다던가
학교의 철문은 지식의 관문이 아니라
계급의 벽이었음을 뼈저리게 안다

학교 구조조정 서릿발 소식이 교정을 흔들자
폐과라는 칼날이 가슴을 찌른다
혼란스런 아이들의 외침은
텅 빈 강의실에 맴도는 허상일 뿐
권위를 앞세운 총장의 왕좌는 단단하다

달콤한 거짓 약속 조차 이미 사라졌다
황금 의자와 고개 숙인 아첨만이 난무하는 회의실
권력의 횡포를 이성과 합리의 탈을 씌워 감추려 하나
진실은 쇠처럼 단단할 것이다

이제 우리는 일어서야 한다
닳은 손의 펜을 높이 들고
폐과의 서리를 녹이는 뜨거운 함성으로
저 거짓 지성의 전당을 뒤엎으리
(「야간대학」 전문)

노동자 양진모에게 대학은 꿈으로 남아 있던 찬란한 곳이었다. 그러나 주경야독의 어려움을 견디며 지낸 3년의 세월이 허망해졌다. 대학은 구조조정에 휘말렸고, 전공학과는 폐지 대상이다. 이런 허망한 일이라니. 학과 조치를 위해 달려간 대학 본부는 디자인학과 졸업장을 보장하겠다는 설득과 회유로 맞섰다. 권력이 요구하는 구조조정을 피할 수는 없다는 논리다. 양진모는 깃발을 들고 앞장섰다. 이 싸움의 결과는 결국 대학의 결정이 우선할 것이다. 양진모는 안면 있는 변호사를 찾아 소송을 제기하며 자신의 역할은 광고 제작과 현수막 거치, 학과 유지 무대 재현 등으로 맞서고 있지만 불편하다. 시대는 개인의 낭만과 소망을 이념과 정책으로 뭉개는 것이 현실적 대안이라 여기기 때문이다.

4

지금 양진모는 변혁을 시도한다. 그의 작업 현장은 지역문화를 선도하고 행사장을 꾸미는 역할을 한다. 아울러 무대 위로 오르는 사람들을 섭외하고 그들과 함께 무대를 마련한다. 지역 문화제는 그가 나타나 진두지휘한다. 석장리 구석기 축제, 백제문화제, 갑사 예술제, 두서없는 인문학 등 그는 뛰어난 디자인 감각으로 행사를 기획하고 주도하며 빛나는 성과를 예술인, 무대 기획팀, 행사 진행 노동자들과 나눈다. 그리고 그 성과를 피드백하며 행사를 키운다. 그가 개입한 행사들이 더 확장성을 지니고 발전한다.

(전략)
정성으로 빚어낸 단막극
백제의 숨결을 담은 어울마당
맑은 파도처럼 밀려오는 환호 속에

찬란하게 빛나는 여정

천년을 돌아 수놓은 고대의 울림
관객과 배우 모두의 얼굴에 번지는
기쁨의 물결로
영원히 남는다
(「백제어울마당」 부분)

 앞의 시행에 담긴 내용은 백제문화제 행사 중 왕릉 지역에서 백제왕들과 관련된 즉석 공연이다. 짧은 에피소드로 구성된 단막극들은 장소에 따라 그 이야기를 달리한다. 관람객들이 함께 참여하여 백제 이야기를 현실에서 재현하고자 하는 기획이다. 양진모는 단막극들의 이야기 구조보다는 함께 참여하는 배우와 관객들에게 시선을 집중한다. 그리고 그들의 얼굴에 번지는 환한 기쁨과 행복을 시행으로 남긴다. 시인은 이러한 문화 행위를 천년을 이어온 여정으로 이해한다.
 양진모의 현장은 달라지려 하질 않는다. 관행과 편법으로 여전히 뒤범벅이다. 하지만 노동자 시인의 마음은 예사롭지 않다. 현장을 자기 삶의 과정으로 본다. 그러니 속상함을 달래는 기도와 자신과의 화해를 되돌아본다.

(전략)

사람들은 모르리
작은 현판 하나에도
한 삶이 온전히 녹아 새겨짐을

이 거친 손바닥으로
상처와 주름을 별자리처럼 간직하고
깊고 고요한 혼을 조각할 때
낡은 작업실은 시간이 머무는 고요의 섬이다
(「시간이 머무는 섬」 부분)

양진모는 자신의 노동이 삶의 진실을 드러내고 견디는 일상으로 여기며 작업 공간도 '시간이 머무는 고요의 섬'이라 노래한다. 그 일상을 '깊고 고요한 혼을 조각'하는 과정으로 여긴다. 그런 일상에서 새삼스레 삶을 바라보는 관조의 눈길을 지닌다. 그리고 '세월의 무게를 견디는 법'을 배운다. 자신의 몸에 배인 노동의 흔적이 '보이지 않는 문장'으로 진리가 되어 자신의 삶에 스민다.

쓰러지지 않는 구조물을 세울 때
세월의 무게를 견디는 법을 배운다
무너지지 않는 삶을 지탱하는 것은
보이지 않는 이음새의 정확함
작업복에 스민 흙냄새

망치 자국 난 손마디
그 모든 것이 세상을 짓는
보이지 않는 문장이 된다
(「소소한 하루」 부분)

열악한 노동 시장에서 살아남아 성공의 길로 갈 수 있을지는 분명하지 않아 보인다. 그러나 노동자들은 희망을 놓질 않는다. 그 희망이 새꿈으로 이어지기 때문이다.

(전략)
같은 계절을 견뎌낸 나무들
서로의 가지가 엮여 만든
따스한 보금자리는
혹한도 어쩔 수 없는 내일이다

적막한 숲에서
끝나지 않는 겨울을 건너
다시 푸르게 피어나리
봄은 반드시 온다
(「합병」 부분)

양진모 시인도 부도와 합병의 거친 시간을 견디었다고 한다. 그 엄혹한 시절 죽음을 이겨냈다고도 한다. 일하는 사람들 누구라도 거쳐야 하는 과정이라고 여긴다 한다. 그리하여 '다시 푸르게 피어나리'라 다짐한다. 새봄을 기다리는 이유다.

양진모 시인의 두 번째 시집 『달빛 무대』를 해남 고산 윤선도의 녹우정이 있는 마을에서 읽었다. 견디기 어려운 시련을 겪은 고산 선생의 시를 다시 읽는 동안 시가 지닌 힘을 생각했다. 세상은 예와 이제가 다르지 않다. 고통과 고난의 연속이다. 양진모의 시들을 읽으며 마음이 무거운 까닭이다.

참으로 마음이 무겁다.